Jose Stolz

Einsatzmöglichkeiten von Web Services

I0013697

GRIN - Verlag für akademische Texte

Der GRIN Verlag mit Sitz in München hat sich seit der Gründung im Jahr 1998 auf die Veröffentlichung akademischer Texte spezialisiert.

Die Verlagswebseite www.grin.com ist für Studenten, Hochschullehrer und andere Akademiker die ideale Plattform, ihre Fachtexte, Studienarbeiten, Abschlussarbeiten oder Dissertationen einem breiten Publikum zu präsentieren.

Dokument Nr. V157854 aus dem GRIN Verlagsprogramm

Jose Stolz

Einsatzmöglichkeiten von Web Services

GRIN Verlag

Bibliografische Information der Deutschen Nationalbibliothek: Die Deutsche Bibliothek
verzeichnet diese Publikation in der Deutschen Nationalbibliografie; detaillierte bibliografische Daten sind im Internet über http://dnb.d-nb.de/ abrufbar.

1. Auflage 2007
Copyright © 2007 GRIN Verlag
http://www.grin.com/
Druck und Bindung: Books on Demand GmbH, Norderstedt Germany
ISBN 978-3-640-74170-0

ANS09

Einsatzmöglichkeiten von Web Services

Fachhochschule Stuttgart AKAD
Die Privat-Hochschulen

Fachhochschullehrer:

München, den 02.05.2007

Jose Stolz

Inhaltsverzeichnis

Abbildungsverzeichnis

Listingverzeichnis

1 Einleitung

1.1 Zielsetzung

Die Integration von Businessapplikationen ist kein neues Thema. Durch sie kann man viele Geschäftsprozesse optimieren und automatisieren. Ansätze wie RPC, JAVA RMI und CORBA werden dabei angewendet. Um eine Vernetzung über Unternehmensgrenzen hinweg zu realisieren taucht der Begriff Web Services immer wieder auf. Laut Cap Gemini Ernst & Young gewinnen Web Services zunehmend an Bedeutung und rund ein Drittel der befragten Unternehmen besitzt bereits eine Strategie zum Einsatz der neuen Technologie. Diese Zahl deckt sich mit der Anzahl derjenigen Befragten, die Web-Services für wichtig oder sehr wichtig halten.

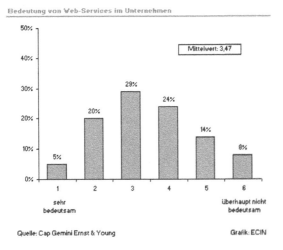

Abbildung 1: Bedeutung von Web Services im Unternehmen [1]

Was verbirgt sich hinter dem Begriff „Web Services"? Welche Vorteile können durch den Einsatz dieser Technologie erzielt werden? Das Ziel dieser Ausarbeitung ist diese Fragen zu beantworten. Außerdem wird ein einfaches praktisches Beispiel dargestellt. Dabei wird eine simple .NET Applikation entwickelt und als Web Service zur Verfügung gestellt.

---

[1] ECIN, 2002

Aufbau der Arbeit: Die vorliegende Arbeit besteht aus vier Kapiteln. Nach der Einleitung werden im zweiten Kapitel zunächst die Theoretischen Grundlagen dargestellt. Die Begriffe SOA, Web Services und .NET werden definiert und näher erläutert. Anschließend erfolgt die Darstellung und Beschreibung der entworfenen Web Services Beispielanwendungen.

2 Theoretische Grundlagen

2.1 SOA

„Unter einer SOA versteht man eine Systemarchitektur, die vielfältige, verschiedene und eventuell inkompatible Methoden oder Applikationen als wieder verwendbare und offen zugreifbare Dienste repräsentiert und dadurch eine plattform- und sprachenunabhängige Nutzung und Wiederverwendung ermöglicht." [2]

Bei einer Service-orientierten Architektur (SOA) handelt sich um ein abstraktes Konzept. Der entfernte Funktionsaufruf „Remote Procedure Call" gilt als Vorgänger von SOA. Bei SOA geht es nicht um eine konkrete Technik, sondern um eine Abstraktion. Web Services ist eine konkrete Implementierung der Service-orientierten Architektur.

2.1.1 Merkmale

Das wesentliche Merkmal einer SOA ist die lose Kopplung der Dienste. Das bedeutet, dass Dienste von Anwendungen oder anderen Diensten bei Bedarf dynamisch gesucht, gefunden und eingebunden werden. In einem „Verzeichnisdienst" oder „Repository" werden die Services registriert. Der Nutzer muss sich mit Dienstanbietern unterhalten können, deshalb sind offene Standards von Nöten. Durch die Trennung von Schnittstelle und Implementierung werden gekapselte Dienste gebildet. Demzufolge können sie wieder verwendet werden. Voraussetzung für SOA ist Einfachheit und Sicherheit, was mehr Akzeptanz zur Folge haben soll. [3]

2.1.2 Rollen und Aktionen in einer SOA

Der Service steht im Mittelpunkt in einer SOA. Ein Dienst ist in diesem Zusammenhang ein Programm oder eine Softwarekomponente, die lokal oder über das Netzwerk von anderen verwendet werden können. Anbieter, Nutzer und Vermittler sind die Beteiligten an der SOA. Das Zusammenspiel der Beteiligten verdeutlicht die Abbildung 2.

---

[2] Dostal, Jeckle, Melzer und Zengler 2005, S. 11

[3] Vgl. Dostal, Jeckle, Melzer und Zengler 2005, S. 9

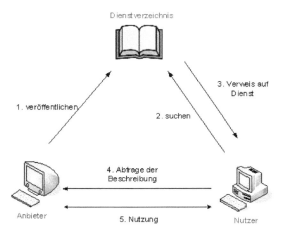

Abbildung 2: Rollen im SOA

Der Anbieter (Service-Provider) implementiert die Services, der Nutzer (Service-Consumer) benutzt die Services und der Vermittler (Service Broker) veröffentlicht die Services und erlaubt die Suche.

2.2 Web Services

Web Services ist eine konkrete Implementierungstechnik, um eine SOA zu realisieren. Folgende Definition nimmt das W3C (World Wide Web Consortium) vor:

"A Web service is a software system designed to support interoperable machine-to-machine interaction over a network. It has an interface described in a machine-processable format (specifically WSDL). Other systems interact with the Web service in a manner prescribed by its description using SOAP messages, typically conveyed using HTTP with an XML serialization in conjunction with other Web-related standards." [4]

Die technische Grundlage bilden vier Service Standards, die alle auf XML basieren. Diese Protokolle erleichtern Entwicklern die Verbindung ungleicher Systeme.

o   SOAP (Simple Object Access Protocol) als Protokoll dient der Kommunikation zwischen Anbieter und Nutzer.

---

[4] W3C, 2004

o WSDL (Web Service Description Language) als Schnittstellenbeschreibung dient der Beschreibung der Methoden und Parameter.

o UDDI (Universal Description, Discovery and Integration) als Verzeichnisdienst (Registry) zur Registrierung von Web Services.

o XML als Datenformat für alle erwähnten Bestandteile.

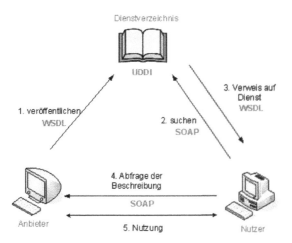

Abbildung 3: WSDL, SOAP und UDDI im Rahmen eines Web Service

Web Services lassen sich folgendermaßen charakterisieren: [5]

- Programmierbarkeit: Es werden Schnittstellen geboten, die eine Integration zu einer Gesamtapplikation ermöglichen.

- Kapselung: Web Services sind gekapselte Codes und sind in sich geschlossen. Die Funktionalität wird durch die Schnittstelle in XML-Format bekannt gegeben. XML ist textbasierend und wird meist per HTTP übertragen. Der Transport wird dadurch nicht von einer Firewall geblockt.

- Selbstbeschreibung: Web Services werden durch WSDL beschrieben. Sie veröffentlichen relevante Informationen, wie z. B. Methoden, Datentypen und Beschreibungen.

- Lose Kopplung: Aufrufende Applikationen sind vollkommen unabhängig von Web Services. Daraus ergibt sich eine Plattformunabhängigkeit.

---

[5] Vgl. Gräff, S. 15

- Ortstransparenz: Web Services können orts- und zeitunabhängig aufgerufen werden.
- Protokolltransparenz: Nachrichten können über verschiedene Protokolle wie z. B. HTTP, SMTP oder FTP transportiert werden.
- Komposition: Web Services können zusammengesetzt werden. Diese können wiederum als ein einzelner Dienst angeboten werden.

2.2.1 Vorteile und Nachteile

Der technische Nutzen von Web Services ergibt sich im Wesentlichen aus den nachfolgenden Eigenschaften:

- Basiert auf offene Protokolle und Standards (z. B. http und XML)
- Unabhängig von verwendeten Plattformen und Programmiersprachen
- Minderung der Entwicklungskosten
- Keine Lizenzkosten
- Schaffung von Wettbewerbsvorteilen
- Firewall ist kein Hindernis, da die Übertragung meist über http realisiert wird.

Aus diesen Eigenschaften lassen sich zahlreiche Vorteile ableiten, die zu Produktivitäts-gewinn, Flexibilität und Unabhängigkeit beim Einsatz der Web Service Technologie für die Integration von Anwendungen führen.

Web Services bringen auch Nachteile mit sich. Die im Folgenden aufgeführt werden:

- Sicherheit: XML sind selbstbeschreibende Textdokumente und standardmäßig nicht verschlüsselt. Empfindliche Daten können also ausgelesen werden. Sicherheitsstandards, die Austausch von digitalen Identitäten und Autorisierungen erfüllen, befinden sich noch in der Entwicklung. [6]
- Performance: Die Übertragung von XML ist nicht so effizient wie der Transport von proprietären binären Daten. Der Overhead ist immens. Außerdem müssen die SOAP-Daten beim Sender in XML konvertiert und beim Empfänger muss der umgekehrte Vorgang stattfinden.

2.2.2 Anwendungsszenario

Enterprise Application Integration ist eine unternehmensweite Integration mehrerer verschiedener Geschäftsapplikationen. Web Services können zur Kommunikation eingesetzt

---

[6] Vgl. Gräff, S. 34

werden. Bereits integrierte Anwendungen können ebenfalls als Web Services nach außen zur Verfügung gestellt werden.

B2B (Business to Business) fördert die Integration von firmeninternen Anwendungen mit denen von Partnerunternehmen. Die Kommunikation mit fremden Anwendungen stellt hohe Anforderungen an Sicherheit und Kontrolle. Ein Beispiel für ein B2B-Szenario ist in Abbildung 4 zu sehen. Der Web Service „Reiseorganisation" bedient sich zahlreicher anderer Web Services.

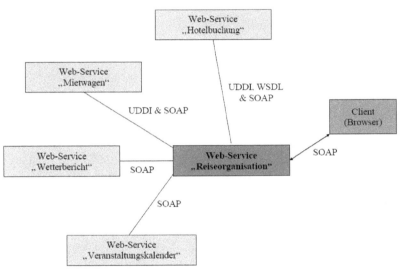

Abbildung 4: Komplexer Web Service „Reiseorganisation" [7]

2.3 Microsoft .NET Framework

Die :NET Software wird wie bei Java von einer virtuellen Maschine ausgeführt und ist grundsätzlich auf jeder Plattform lauffähig. :NET Anwendungen werden nicht in Code übersetzt, sondern in einen Zwischencode, der Microsoft Intermediate Language (MSIL). Dieses Konzept ist auch die Grundlage für die Plattformunabhängigkeit der Applikation. Der Zwischencode kann auf jedes Betriebssystem ausgeführt werden in der die Laufzeitumgebung verfügbar ist. Die Architektur der virtuellen Maschine ist die Common Language

---

[7] Nach Starke, 2002

Infrastructure (CLI). Mit der Common Language Runtime stellt das .NET Framework eine Laufzeitumgebung bereit, die von allen Programmiersprachen gemeinsam genutzt wird. [8]

Durch die gemeinsame Umgebung laufen Applikationen verschiedener Sprachen auf der gleichen Plattform. Es ist also möglich, eine Anwendung mit unterschiedlichen Sprachen, wie z.B. Visual Basic und Visual C# zu implementieren. Die Kommunikation der Sprachen läuft problemlos, weil der Zugriff auf eine einheitliche Klassenbibliothek und Schnittstelle erfolgt.

Der Just-In-Time-Compiler (JIT) hat die Aufgabe den Zwischencode in einen nativen Maschinencode zu übersetzen. Der Code bleibt solange im Speicher bis eine neue Version auf das System kopiert wird. Die Übersetzung erfolgt nur einmal und stellt eine höhere Performance sicher.

Common Language Specification (CLS) ist das Regelwerk, um unterschiedliche Sprachen auf einen gemeinsamen Nenner zu bringen. Durch die Einhaltung der Richtlinien kann sichergestellt werden, dass bei Übergabe einer Integer-Variablen zwischen zwei Komponenten unterschiedlicher Programmiersprachen gleich implementiert und behandelt wird.Das .NET Framework stellt mit dem Namespace System.Web eine umfangreiche Sammlung von Klassen und Funktionalitäten zur Verfügung. Damit ist eine breite Grundlage und Technologie sowohl für das Erstellen von Webapplikation als auch für die Realisierung von Web Services geschaffen worden. Diese Technologie trägt den Namen ASP.NET.

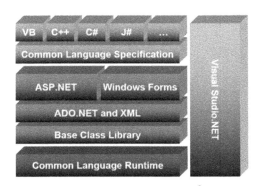

Abbildung 5: Bausteine des .NET Framework [9]

---

[8] Wenz, 2006, S. 36

[9] Aus Schweda, S. 8

3 Implementierung von Web Services

3.1 Beispielanwendungen

Theoretische Details zu Web Services sind sicherlich für viele Anwendungsentwickler sehr abstrakt. Viele Entwicklungsumgebungen, wie Visual Studio 2005, verstecken diese Details, sodass sich der Entwickler mit den Einzelheiten nicht lange aufhalten muss und kann sich ganz auf die eigene Anwendung konzentrieren.

3.1.1 Studentenvewaltung

Unsere Beispielanwendung ist eine kleine und einfache Studentenverwaltung. Sie basiert auf ASP.NET und wurde in der Programmiersprache C# entwickelt. Die Daten werden in einer Microsoft SQL Datenbank persistent gehalten.

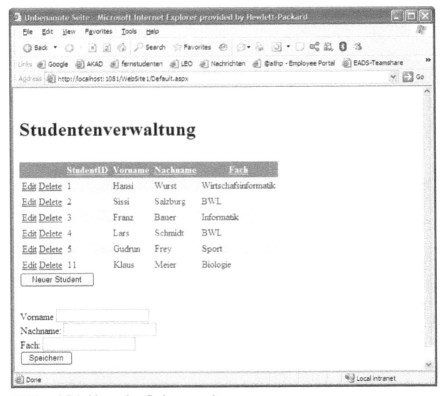

Abbildung 6: Beispielanwendung Studentenverwaltung

Die Anwendung basiert auf einer Drei-Schichten-Architektur. Die Präsentationsschicht ist für die Darstellung zuständig. Der Code-Behind-Anteil ist für die Logik verantwortlich und greift auf die Datenschicht zu. Im Data Layer existierte die Klasse StudentDataLayer, welche mehrere Methoden enthält, um Daten abzufragen, zu ändern oder zu erweitern. Ziel ist nun Web Service Funktionen zu implementieren, die die Methoden GetStudents und Insert nutzen.

```
public class StudentDataLayer
{
  public static DataTable GetStudents()
  {
      return DataLayerHelper.Get("SELECT  StudentID,  Vorname,  Nachname,
Fach FROM Student");
  }

  public static int Insert(string Vorname, string Nachname, string Fach)
  {
    SqlParameter[] sqlParams = new SqlParameter[] {
      new SqlParameter("@Vorname", SqlDbType.NVarChar, 50),
      new SqlParameter("@Nachname", SqlDbType.NVarChar, 50),
      new SqlParameter("@Fach", SqlDbType.NVarChar, 50)};

    sqlParams[0].Value = Vorname;
    sqlParams[1].Value = Nachname;
    sqlParams[2].Value = Fach;

      return DataLayerHelper.ExecuteNonQuery("INSERT  INTO  Student  (Vorname,
Nachname, Fach) VALUES(@Vorname, @Nachname, @Fach)", ref sqlParams);
  }

}
```
Listing 1: Klasse StudentDataLayer

3.1.1.1 Implementierung des Web Services

Im Visual Studio 2005 oder im kostenlosen Visual Web Developer 2005 Express Edition einen Web Service zu erstellen, besteht nur daraus, die Webdienst-Vorlage auszuwählen. Danach liegen im neu erstellten Web Service Projekt folgende Elemente vor: [10]

- Die Dateiendung lautet ASMX im Gegensatz zu ASPX für eine ASP.NET-Seite. Zusätzlich wird eine Code-Behind-Datei, welche den Programmcode enthält, erstellt.
- Als Direktive kommt WebService zum Einsatz
- Die Namensräume System.Web.Services und System.Web.Services.Protocols werden eingebunden.

---

[10] Vgl. Homer, 2007, S. 629

- Für Klassen und Methoden kommen spezielle Attribute zum Einsatz

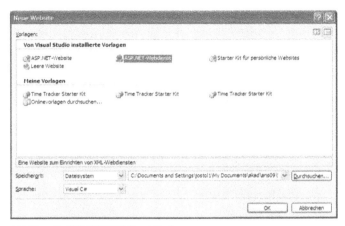

Abbildung 7: ASP.NET-Webdienst Vorlage

```csharp
using System;
using System.Web;
using System.Web.Services;
using System.Web.Services.Protocols;
using System.Data;
using System.Data.SqlClient;

[WebService(Namespace = "http://student.org/")]
public class MeinWebService : System.Web.Services.WebService
{

    [WebMethod(Description = "Sag einfach Hallo.")]
    public string HelloWorld() {
        return "Hello World";
    }

    [WebMethod(Description = "Zeigt alle Studenten an.")]
    public DataSet GetStudents()
    {
        DataSet ds = new DataSet();
        ds.Merge(StudentDataLayer.GetStudents());
        return ds;
    }

    [WebMethod(Description = "Fügt einen Studenten hinzu.")]
    public int InsertStudent(string Vorname, string Nachname, string Fach)
    {
        int StudentID = -1;

        StudentID=StudentDataLayer.Insert(Vorname, Nachname, Fach);


        return StudentID;
    }}
```
Listing 2: Die Klasse MeinWebService enthält alle notwendigen Attribute

Die in eckigen Klammern eingeschlossenen Kennzeichnungen sind Attribute. Die WebService-Attribute besitzen drei Eigenschaften:

- Description ist die Beschreibung
- Name ist der Name des Web Service
- Namespace ist der eindeutige Identifikator und entspricht oftmals der URL der Website

Für Web-Service-Methoden wird die WebMethod verwendet. Alle Funktionen, die im Web Service zur Verfügung gestellt werden sollen, erhalten das WebMethod-Attribut. Die Eigenschaft Description findet hierbei ebenfalls verwendung.

Um das neue Web Service zu testen, wird die ASMX-Datei ausgeführt. Web Services besitzen keine Nutzeroberfläche, deshalb bietet ASP.NET einen http-Handler an, dern Anfragen auf ASMX-Dateien akzeptiert und dynamisch eine Hilfeseite aufbaut. Die erstellte Seite zeigt die Methoden und deren Beschreibungen an und ist in Abbildung 8 abgebildet. Die Funktionalität kann nun getestet werden. Man muss lediglich auf die Schaltfläche Invoke klicken, damit die Methode ausgeführt wird. Abbildung 9 zeigt den entsprechenden Dialog an. Der Web Service wird anschließend ausgeführt und liefert XML-Ergebnisse, welches Schema und Daten enthält.

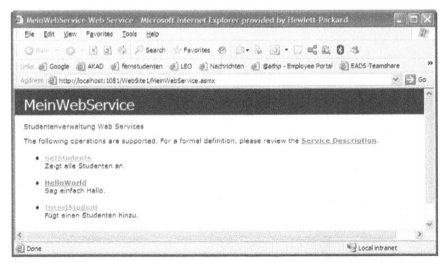

Abbildung 8: Hilfeseite, um Web Services anzuzeigen

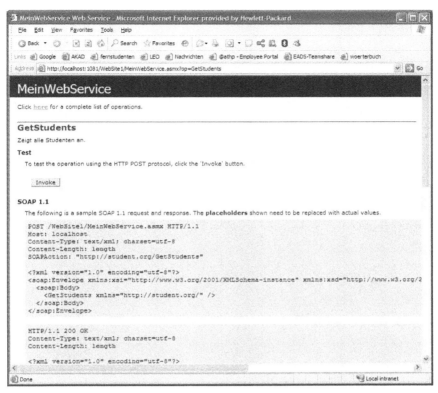

Abbildung 9: Hilfeseite zeigt Web Service Methode an und bietet eine Schaltfläche zum Testen

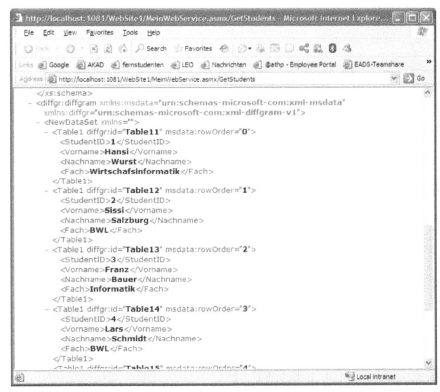

Abbildung 10: XML-Ergebnis

3.1.1.2 Web Services verwenden

Um einen Web Service im ASP.NET nutzen zu können, muss ein Webverweis erzeugt werden. Dazu muss der Befehl WEBVERWEIS HINZUFÜGEN aus dem Kontextemenü aktiviert werden. Ein Dialog öffnet sich daraufhin. Die URL sollte nun eingegeben werden. Durch den Klick auf GEHE ZU wird der Dienst nach Webmethoden durchforstet und angezeigt. Ein Webverweisname ist dann einzugeben. Sie dient als Referenz und kann dann im Projekt angesprochen werden. Listing 3 zeigt wie der Web Service instanziiert wird und wie die Methoden aufgerufen werden.

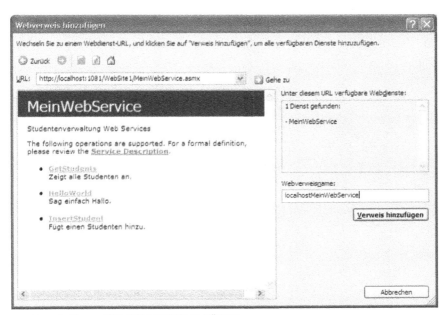

Abbildung 11: Fenster WEBVERWEIS HINZUFÜGEN

```
/Namespace einbinden
using localhostStudentWebService;

public partial class NutzeMeinWebService : System.Web.UI.Page
{
    public void GetStudentWS()
    {
        MeinWebService ws = new MeinWebService();
        DataSet ds = ws.GetStudents();
        this.GridView1.DataSource = ds;
        this.GridView1.DataBind();
    }

    public int InsertStudentWS(string Vorname, string Nachname, string Fach)
    {
        MeinWebService ws = new MeinWebService();

        return ws.InsertStudent(Vorname,Nachname, Fach);

    }
}
```
Listing 3: Klasse NutzeMeinWebService

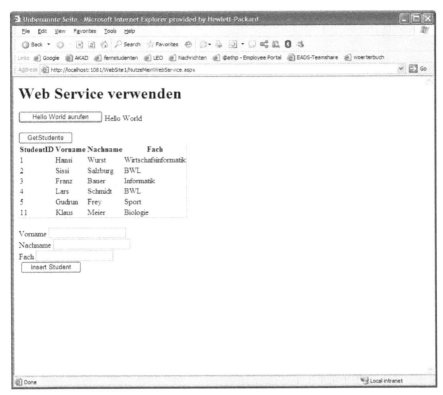

Abbildung 12: Webanwendung konsumiert die Web Services

3.1.2 Amazon Web Service

Wir haben Funktionalitäten aus einer bestehenden Webanwendung als Web Service zur Verfügung gestellt und konsumiert. Ist die Einbindung von bekannten Webanwendungen ebenfalls mit geringem Aufwand möglich? Viele namhafte Webseiten wie z. B. Google, Yahoo, Ebay oder Amazon bieten bereits Web Services an.

In diesem Kapitel soll die Einbindung des Amazon Web Services in ASP.NET demonstriert werden. Zuerst muss man sich unter http://www.amazon.com/webservices registrieren. Danach erhält man eine Token-ID, die man bei jedem Aufruf eines Webdienstes benötigt. Anschließend kann man den Webverweis, wie im Kapitel 3.1.1.2 beschrieben hinzufügen. Die URL http://soap.amazon.com/schemas2/AmazonWebServices.wsdl muss hierzu eingegeben werden.

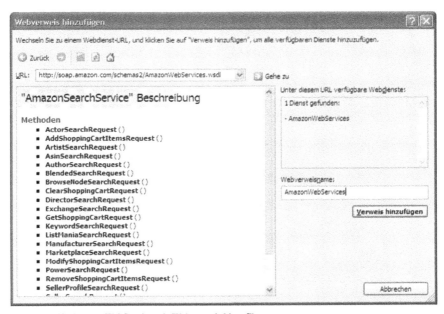

Abbildung 13: AmazonWebServices als Webverweis hinzufügen

In unserem Beispiel werden wir die Klasse `AmazonSearchService` und die Methode `KeywordSearchRequest` verwenden. Als Parameter wird ein Objekt der Klasse `KeywordRequest` übergeben. Als Ergebnis erhält man Arrays der `ProductInfo.Details`. Listing 4 zeigt, wie der Amazon Web Service genutzt werden kann.

```
//Namespace einbinden
using AmazonWebServices;

public partial class MeinAmazon : System.Web.UI.Page
{...
    protected void Suchen_Click(object sender, EventArgs e)
    {
        String strToken = "XXXXXXXXXXXXXXXXXXXX";
        AmazonSearchService searchService = new AmazonSearchService();

        KeywordRequest keywordReq = new KeywordRequest();
        keywordReq.devtag = strToken;          // Token
        keywordReq.keyword = this.txtKeyWord.Text;   // Suchbegriff
        keywordReq.locale = "de";           // Wo suchen?
        keywordReq.type = "heavy";              // Suchart
        keywordReq.sort = "salesrank";           // Art der Sortierung
        keywordReq.mode = "books";              // Suchbereich
        keywordReq.tag = strToken;          // Amazon Associate ID
```

```
        ProductInfo pi = searchService.KeywordSearchRequest(keywordReq);


        // Anzahl der Records
        Response.Write("Insgesamt gefunden: " + pi.TotalResults.ToString()
+ "<br>");
        //Spalten
        Response.Write("ISBN---Product      Name---Hersteller---Preis---Mehr
Infos<br>");

        //Ausgabe der Daten
        for (int i = 0; i < pi.Details.Length; i++)
        {


            Response.Write(pi.Details[i].Isbn.ToString()     +     "---"    +
pi.Details[i].ProductName.ToString() + "---" +
                pi.Details[i].Manufacturer.ToString()     +     "---"    +
pi.Details[i].OurPrice.ToString() +
                " <a href=\"" + pi.Details[i].Url.ToString() + "\">Mehr
Infos</a>" +
                "<br>");
        }
}
```

Listing 4: Klasse MeinAmazon

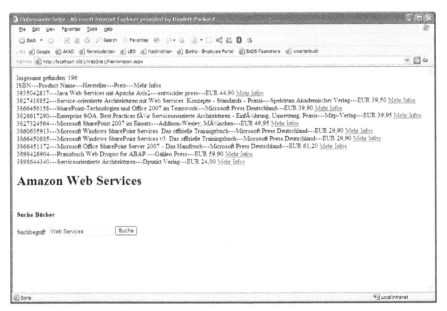

Abbildung 14: AmazonWebServices konsumieren

4 Fazit und Ausblick

Bei SOA geht es nicht um eine konkrete Technik, sondern um eine Abstraktion. Sie ist eine Systemarchitektur. Web Services sind konkrete Implementierung von SOA. Sie sind Anwendungen, die über eine oder mehrere Schnittstellen zeit- und ortsunabhängig benutzt werden können. Die Kommunikation erfolgt dabei über Standard-Internetprotokolle. Die Nachrichtenformal liegt in der beschreibenden Sprache XML vor. Mit Web Services kann eine plattformunabhängige Kommunikation zwischen Anwendungen realisiert werden.

Die Realisierung von Web Services im ASP.NET ist mit geringem Aufwand möglich. Selbst das Einbinden von Amazon Web Services kann in wenigen Schritten umgesetzt werden.

Laut ZDNEt hatte Ebay im vierten Quartal des Jahres 2005 mehr als 8 Milliarden Anfragen, die durch Web Services hervorgerufen wurden. Die Anzahl der eBay Web Services Transaktion stieg um 84%. [11] Die Statistik zeigt welche Bedeutung diese Technologie bereits jetzt schon hat. Dabei ist das Wachstumspotenzial noch ziemlich groß, wenn man bedenkt, dass in vielen Unternehmen, diese Technologie zum Einsatz kommt.

---

[11] Vgl. Zdnet, 2006

Literaturverzeichnis

Dostal, Wolfgang;
Jeckle, Mario;
Melzer, Ingo;
Zengler, Barbara: Service-orientierte Architekturen mit Web Services, 1. Auflage, München, 2005

Eberhart, Andreas;
Fischer, Stefan: Web Services, 2003, München, 2003

ECIN   Web-Services: viel Geld um nichts?, 2002, URL: http://www.ecin.de/marktbarometer/studie-webservices/, Abruf: 28.04.2007

Homer, Alex;
Sussmann, Dave: ASP.NET 2.0 Illustrated, München, 2007

Schweda,
Christian   Was ist .net?, URL: http://mcc.in.tum.de/sc/developer/Folien/wasistdotnet.pdf, Abruf: 29.04.2007

Starke, Gernot   Web-Service-Engineering, 2002, URL: http://www.sigs.de/publications/os/2002/01/starke_OS_01_02.pdf, 2002, Abruf: 28.04.2007

W3C   Web Services Architecture, URL: http://www.w3.org/TR/ws-arch/, 2004, Abruf: 29.04.2005

Wenz, Christian;
Hauser, Tobias;
Samaschke, Karsten   ASP .NET 2.0 Leistungsfähige Webapplikationen mit Visual Basic 2005, München, 2006

Zdnet   Statistics on eBay Web Services usage, URL: http://blogs.zdnet.com/ITFacts/?p=10326; 2006, Abruf: 01.05.2007

www.ingramcontent.com/pod-product-compliance
Lightning Source LLC
La Vergne TN
LVHW042300060326
832902LV00009B/1168